Sigrid Heinzmann

Herbstliche Tontopffiguren im Material-Mix

Eulenpaar

(Abbildung Seite 1)

Den Untersetzer mithilfe von Montagekleber als Gesicht auf die Öffnungen des Tontopfes (bzw. Glockentopf, große Eule) kleben.
Nach dem Trocknen mit einem großen Klecks Montagekleber auf dem umgestülpten Rosentopf fixieren.
Die Figur mit Antikfarbe in Herbstrot grundieren. Mit einem feinen Pinsel mit Acrylfarbe in Weiß und Schwarz sowie Antikfarbe in Kürbis dünne Striche (Federn) in die noch nasse Grundfarbe malen.
Nach Vorlage Schnabel, Ohren, Flügel und Augenrosetten ausschneiden.
Die Flügel werden an der Unterseite, die Augenrosetten ringsum mit einer Schere eingeschnitten und vor dem Aufkleben bemalt. Die Schnäbel nach Skizze knicken und beide Schnabelhälften zusammenkleben. Die Papierteile und die Wackelaugen mit Klebstoff auf dem Körper fixieren. Je zwei Flügel werden leicht versetzt übereinander geklebt.

Motivhöhe
ca. 17 cm
und 20 cm

Material kleine (große) Eule
- Rosentopf, ø 7 cm (ø 9 cm)
- Tontopf, ø 6,5 cm (Glockentopf, ø 9 cm)
- Tonuntersetzer, ø 7 cm (ø 9 cm)
- 2 Wackelaugen, ø 1,2 cm (ø 1,6 cm)
- Kartonkreis, ø 3 cm (ø 4 cm): sand
- Acrylfarbe: weiß, schwarz
- Antikfarbe: herbstrot, kürbis
- Tonkarton: sand, orange

Vorlagenbogen A

Herzlichen Dank an die Firmen Hobbygross Erler und Rayher für die freundliche Unterstützung.

Fotos: frechverlag GmbH, 70499 Stuttgart;
Fotostudio Ullrich & Co., Renningen
Schritt-für-Schritt-Fotos: Ottmar Heinzmann

Dieses Buch enthält:
1 Vorlagenbogen

Auflage: 5. 4. 3. 2. 1. | Letzte Zahlen
Jahr: 2007 2006 2005 2004 2003 | maßgebend

frechverlag GmbH, 70499 Stuttgart
Druck: frechdruck GmbH, 70499 Stuttgart

ISBN 3-7724-3160-7 · Best.-Nr. 3160

Terrakotta-Töpfe werden seit vielen Jahren im Haus und Garten meist nur als Pflanztöpfe verwendet. Mit etwas Phantasie, Farbe und Naturmaterialien lassen sich aus den unterschiedlichen Topfformen originelle und liebenswerte Figuren für drinnen und draußen fertigen.

Zur Herbstzeit passend habe ich zum Teil einige Figuren naturbelassen und mit gesammelten Materialien aus Wald und Garten verziert oder mit herbstlichen Farben bemalt und mit Blüten und Kürbissen dekoriert.

Freche Mäuse und Igel tummeln sich auf der Fensterbank, zwitschernde Vögel sitzen im Türkranz oder lustig dreinblickende Sonnenblumen-Windspiele grüßen aus dem Fenster.

Interessante Effekte werden auch mit aufgesetzten Papierformen oder geformten Teilen aus Modelliermasse erzielt.

Lassen Sie sich beim Durchblättern inspirieren, holen Sie sich Anregungen, Tipps oder kreieren Sie Ihre eigenen Tontopffiguren!

Viel Spaß beim Basteln wünscht Ihnen

Sigrid Heinzmann

Ihre **Grund**ausstattung

Diese Werkzeuge und Materialien brauchen Sie für die meisten Objekte im Buch, sie werden in den Materiallisten nicht gesondert erwähnt.

- Pattex Montage-Kompaktkleber
- UHU Kraftkleber
- Heißklebepistole
- Naturbast oder Jutegarn
- Schaschlikspieße, Zahnstocher oder kleine Holzperlen
- Schere, Bastelzange
- Cutter mit Schneideunterlage
- Wasserfester Filzstift: schwarz
- Bleistift, ggf. Zirkel
- Transparentpapier, Pauspapier
- Stopfnadel oder Stricknadel, Häkelnadel
- Pinsel, Wasserglas, Mallappen
- Kreppklebeband

Material **&** Hilfsmittel

Neben herkömmlichen **Tontöpfen** werden auch bauchige Glockentöpfe, schmale, höhere Rosentöpfe, flache Untersetzer und Wandhalbtöpfchen verwendet. Eine große Auswahl an Topfformen und Größen bieten Bau- und Gartenmärkte an, die kleineren Topfgrößen und Sonderformen erhalten Sie meistens nur im Hobbyfachhandel.

Besonders wichtig ist der richtige **Klebstoff**, da dieser entscheidend zum Gelingen der Modelle beiträgt.
Pattex Montage-Kraftkleber hat eine sehr hohe und schnelle Klebekraft. Er dient zum Kleben,

Überbrücken und Abstützen von einzelnen Tontöpfen. Gegenüber Silikonklebern ist dieser Klebstoff völlig geruchsneutral, lässt sich mit Acrylfarben überstreichen und kann für den Innen- und Außenbereich eingesetzt werden. Auch Kinder können problemlos mit diesem Kleber arbeiten. Herausquellenden oder verschmierten Klebstoff immer sofort mit Wasser entfernen.
Mit Heißkleber können Haare, Blümchen oder Zapfen auf die Töpfe geklebt werden. Das Zusammenfügen der Töpfe mit Heißkleber geht zwar schnell, die Verklebung hält aber nicht lange stand. Für feinere Klebearbeiten, wie das Aufsetzen der Augen, verwenden Sie UHU Kraftkleber.

Die Tontopffiguren werden mit **Acrylfarben** auf Wasserbasis bemalt. Diese sind im Schreib- und Hobbyfachhandel erhältlich. Die Farben sind hochdeckend, untereinander mischbar, schnell trocknend und es gibt sie wahlweise in matt oder glänzend. Zum Schutz vor Nässe (Außenbereich) können die Figuren noch zusätzlich mit einem wetterfesten Klarlack auf Kunstharzbasis überzogen werden.
Feine Konturen oder Gesichtzüge lassen sich auch mit einem wasserfesten Filzstift oder mit Lackmalstiften aufbringen.

So wird's gemacht

Konturen übertragen und Gesichter gestalten

Die Gesichter werden mithilfe von Pauspapier auf den Topf übertragen und bemalt. Runde oder ovale Augen lassen sich meistens einfacher aufmalen, wenn Sie diese zuvor mit Hilfe von Knöpfen, Ringen, Zirkel oder Zeichenschablonen auf Papier übertragen und ausschneiden. Anschließend legen Sie die Teile auf den Topf und umfahren diese mit einem Bleistift.
Wer nicht gerne zum Pinsel greift, kann Augen und Nasen auch einfach durch Wackelaugen, Holzperlen, Wattekugeln oder aus Fotokarton ausgeschnittenen Papierteilen ersetzen.

Tipps

Die im Buch abgebildeten Figuren können je nach Wahl der Topfgröße beliebig vergrößert oder verkleinert werden. Die Vorlagen lassen sich einfach mit einem Kopierer anpassen.

Im Buch werden oft Halbperlen, z.B. als Augen, verwendet. Diese können Sie leicht selber machen, indem Sie mit einer spitzen Schere in das Loch der Perle stechen und die Schere kräftig nach unten drücken. Achten Sie auf eine geeignete Unterlage.

Schritt für Schritt erklärt

Tontopffiguren zusammenfügen

TYP 1

Zum Auffädeln der Töpfe wahlweise Jutegarn oder Naturbast verwenden. Mit Aludraht, Figurendraht oder Pfeifenputzer (nur bei kleinen Figuren) lassen sich die Körperteile später in bestimmten Positionen fixieren.
Juteschnur (1 m lang) mittig zusammenlegen, beide Schnüre durch die Öffnung einer Holzkugel (ø 3,5 cm) führen und die Enden verknoten. Die Schnur von der Topfinnenseite aus durch das Topfloch ziehen. Für die Arme eine zweite Schnur

(80 cm lang) mittig zu einer großen Schlaufe legen, über die Halsschnur streifen und zusammenziehen.
Die Halsschnur durch das Loch des Kopftopfes führen, auf einer der Schnüre eine kleinere Holzkugel auffädeln und beide Enden zusammen mit der Holzkugel verknoten. Das kleinste Töpfchen für die Arme auffädeln, bis zum Schulteransatz hochziehen und je nach Topfloch mit ein bis zwei Knoten fixieren. Anschließend weitere Töpfe auffädeln, die Schlinge soweit wie möglich nach hinten verknoten. Die überstehenden Fäden mit einer Schere kürzen, zum Befestigen von Dekoteilen ein bis zwei Fäden überstehen lassen. Zum Schluss das Unterteil der Figur mit Montagekleber an der Topföffnung des Oberteils oder dem eingeklebten Boden (Typ 2) fixieren.

Statt des Unterteiltopfes können auch weitere Schnüre im Topfinneren als Beine eingehängt werden (siehe Skizze Waldkinder, Vorlagenbogen A).

TYP 2

Eine aus starkem Karton zugeschnittene Bodenplatte in den Oberteiltopf einkleben. Alle Tontöpfe ggf. bemalen und dann zusammenkleben. Mit Montagekleber das Unterteil mittig auf die Papp-Bodenplatte und einen umgestülpten Tonuntersetzer setzen. Klebstoff ca. fünf Minuten antrocknen lassen und den Kopf mit etwas Klebstoff auf dem Körper fixieren. Meistens hält der Topf ohne Abstützen.

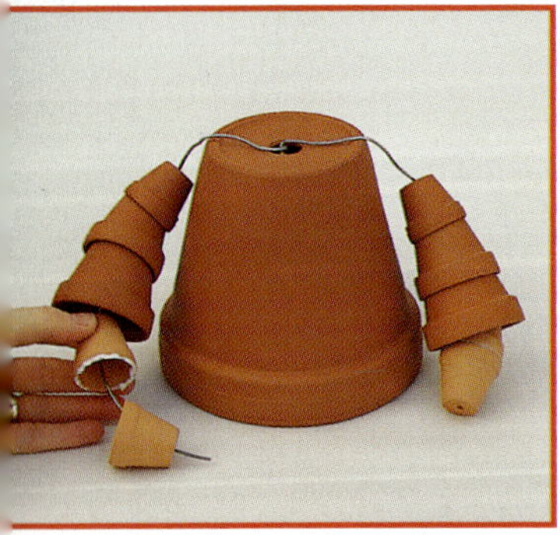

TYP 3

Für die Figur den Aludraht mittig um das Hölzchen zweimal biegen. Das Hölzchen aus der Drahtöse ziehen, diese durch das Topfloch von außen nach innen führen und mit dem Hölzchen auf der Topfinnenseite verriegeln. Die aus festem Karton ausgeschnittene Scheibe als Boden in den Körper einkleben (siehe Typ 2). Auf die beiden Armdrähte jeweils drei Töpfe fädeln, mit dem kleinsten beginnen, und diese bis unter den Schulteransatz schieben. Mithilfe einer Bastelrundzange jeweils mit einer Öse fixieren; diese so weit wie möglich nach hinten biegen. Für die Hände die Töpfchen mit der Öffnung nach unten auf den Draht schieben und diesen erneut zu einer Öse biegen. Den überstehenden Draht mit einer Zange abkneifen. Die letzen beiden Töpfe werden als Abschluss der Hände mit Montagekleber angeklebt. Den Rosentopf als Kopf mit Montagekleber leicht nach vorne geneigt aufsetzen. Für den Hut Tontöpfe ineinander kleben. Den großen Rosentopf als Unterteil zum Schluss mittig auf den eingeklebten Kartonboden des Topfkörpers kleben.

Wichtel**geschenk**

(Abbildung auch Seite 3)

Den größeren Tontopf in Orange oder Weinrot bemalen. Nach dem Trocknen mit zurecht geschnittener Steckmasse auffüllen. Den Holzstab mit Kreppband umwickeln, in das Topfloch stecken und festkleben. Die Styroporhände hautfarben streichen und am Topfrand festkleben. Mit Montagekleber den Topf (ø 4,5 cm) als Kopf auf den Rand des Unterteils setzen. Die sichtbare Steckmasse mit Moos und Blättern abdecken. Nach Vorlage die Mütze aus Filz ausschneiden und zusammenkleben. Märchenwolle als Haare um den Topf verteilt ankleben. Für den Schnauzer Märchenwolle mit Bast oder Faden abbinden. Mit weißer Farbe die Augäpfel auftupfen und die Nasen in Weinrot bemalen. Pupillen, Nase und Schnauzer im Gesicht platzieren. Zwei Seidenblätter und lose Bastlocken am Stiel mit Draht oder Kreppband befestigen. Kleine angeklebte Zapfen, Zweige, Blüten und Perlen schmücken den Zwerg. Mit Klebepads die Geldscheine fixieren.

Motivhöhe

ca. 20 cm (ohne Stab)

Material

- Je 1 Tontopf, ø 4,5 cm, ø 5,5 cm
- Wattekugel, ø 1 cm
- 2 Halbperlen, ø 4 mm: schwarz
- Holzperle, ø 6 mm: orangerot
- 1 Paar Styroporhände, 2,5 cm
- Acrylfarbe: orange, weiß, haut, weinrot
- Filzrest: erikarot, grün
- Märchenwolle: hellbraun
- Bastlocken: grün
- Miniseidenblätter, kleine Zapfen, Rebenästchen, Moos, Streublüten
- Kreppwickelband: grün
- Klebepads
- Styrofoam-Steckmasse

Vorlagenbogen B

Herbstausflug mit Maus und Igel

Motivhöhe
ca. 16 cm

Material pro Maus
- Je 1 Tonhalbtopf, 4 cm x 6 cm, 2 cm x 3,5 cm
- Tontopf, ø 2 cm
- 2 Halbperlen, ø 6 mm: schwarz
- Jutekordel, ø 2,5 mm, 40 cm lang: natur
- Wickeldraht: schwarz
- 1 Bogen Packpapier: natur
- Acrylfarbe: haut, schwarz
- Tonkartonrest: braun, haut
- Modelliermasse: weiß

Vorlagenbogen A

Motivhöhe
ca. 14 cm

Material Igel
- Je 1 Tonhalbtopf, 4 cm x 6 cm, 2 cm x 3,5 cm
- 2 Halbperlen, ø 4 mm: schwarz
- 1 Bogen Moonrockpapier: braun
- Acrylfarbe: schwarz
- Packpapierrest

Die beiden Halbtöpfe gemäß der Abbildung (siehe unten) aneinander kleben und trocknen lassen. Zusammengeknülltes Packpapier als Hinterteil in die Topföffnung kleben.

Maus

Für die Schnauze Modelliermasse zu einer Kugel (ø 2,5 cm) formen. Die Topfvorderseite mit Kraftkleber bestreichen und die Kugel vorsichtig an den Tontopf andrücken. Die Modelliermasse leicht anfeuchten und mit den Fingern zur Topfmitte hin auslaufend verstreichen. Aus Draht ca. 5 cm lange Barthaare zuschneiden und in die noch weiche Modelliermasse eindrücken. Eine kleine Kugel (ø 1 cm) auf ein kurzes Stück Draht aufspießen und als Nase aufsetzen. Mit einem Schaschlikspieß eine Längskerbe unterhalb der Nase eindrücken.
Nach dem Trocknen der Modelliermasse das Gesicht mit hautfarbener, die Nase mit schwarzer Acrylfarbe bemalen. Die Augen mit Kraftkleber aufsetzen.
Kleine Packpapierschnipsel zurechtreißen und zusammenknüllen. Dicht aneinander mit Heißkleber auf dem Körper fixieren.
Nach Vorlage die Ohren aus Fotokarton ausschneiden und mit Kleber am Kopf fixieren. Die Juteschnur doppelt legen, ein Ende an der Topfunterseite als Schwanz ankleben. Das kleine Töpfchen auffädeln und die beiden Schnurenden verknoten.

Igel

Eine kleine flachgedrückte Kugel als Nase aufkleben. Den Mund des Igels mit einem Filzstift aufmalen und die Augen aufkleben. Kleine Moonrockpapierschnipsel zurechtreißen und dicht aneinander gesetzt mit Heißkleber auf dem Körper platzieren. Die Zahnstocher auf eine Länge von ca. 2,5 cm kürzen und als Igelstacheln zwischen das Papier kleben.

Sonnenblumenzeit

Motivhöhe
ca. 35 cm

Material Männchen
- Je 2 Tontöpfe, ø 6 cm, ø 4,5 cm (Arme)
- Glockentopf, ø 11 cm (Kopf)
- Je 1 Tontopf, ø 16 cm (Oberteil), ø 14 cm (Unterteil), ø 3,5 cm (Hut)
- 2 Seidensonnenblumen mit Blättern, ø 15 cm
- 1 Streifen Fellplüsch, 35 cm x 8 cm: grau
- 2 Halbperlen, ø 8 mm: schwarz
- Wattekugel, ø 1 cm
- 1 Bund Sonnentaupick: gelb
- Mini-Sonnenblume
- Acrylfarbe: weiß, dunkelrot, dunkelgrün
- Lackmalstift: grün
- Styrofoam-Steckmasse
- Schmales Karoband, 60 cm lang: grün-weiß

Sonnenblumen-Männchen

Das Unterteil der Figur (ø 14 cm) mit grüner Acrylfarbe grundieren. Anschließend die Grundfigur nach Typ 1 (siehe Seite 5/6) anfertigen; die überstehenden Bastfäden an den Armen abschneiden. Die Armöffnungen mit einem grünen Lackmalstift umranden und als Hände jeweils zwei Seidenblätter einkleben. Mit Heißkleber den Plüschhaarstreifen und die Blüte am Glockentopfrand befestigen. Die große Sonnenblume mit dem Blütenkopf nach unten zeigend und das kleine Töpfchen (ø 3,5 cm) dienen als kecker Hut. Die zweite Blüte vorsichtig auseinander ziehen und dabei den Stempel entfernen. Die einzelnen Blütenringe an einer Seite aufschneiden und als Manschette um den Hals des Männchens kleben. Einzelne Blätter, eine Miniblüte und eine kleine gebundene Schleife zieren den Blütenkragen. Kleine Sonnentaublüten schmücken den Rand des Topfoberteils, zwei Blütenstempel dienen als Knöpfe.
Zuletzt Augen und Mund aufmalen und die Halbperlen sowie die rot angemalte Wattekugel als Nase aufkleben.

Motivhöhe
ca. 30 cm

Material pro Windspiel
- Je 1 Tontopf, ø 6 cm, ø 2 cm
- 2 Holzperlen, 2 x ø 2,5 cm: natur, 2 x ø 8 mm: braun, 1 x ø 0,6 mm: gelb, 2 x ø 8 mm: gelb
- Jutegarn, 3 x 60 cm, 1 x 1 m lang, ø 2,5 mm: grün
- 2 Wackelaugen, ø 8 mm
- Holzhalbperle, ø 6 mm: orange
- Plusterfarbe: gelb
- Buntstift: rot
- 2 kleine Sonnenblumenstängel mit Blättern
- 2 Mini-Sonnenblumenblüten
- Schmales Karoband, 80 cm lang: grün-weiß
- Lackmalstift: grün

Vorlagenbogen A

Windspiel

Die Aufhängeschnur (1 m lang) und die herabhängenden Fäden nach Skizze zusammenfassen. Den Strang durch das Töpfchen fädeln und die Enden verknoten. Die beiden Sonnenblumen, die Blätter und zwei kleine gebundene Schleifen mit Heißkleber auf dem Topf fixieren; die Wackelaugen und die Nase mit Kraftkleber festkleben. Das Gesicht aufmalen.
Den Tontopf aufhängen und die Blüten auffädeln: dazu die kleinen Blüten zerlegen und abwechselnd einen Blütenkranz, eine Perle und ein einzelnes Töpfchen auf die Schnüre fädeln. Blüten und Tontopf mit einem Knoten, die Perlen mit etwas Klebstoff fixieren. Die Topfränder mit grünem Lackmalstift umranden, mit Plusterfarbe kleine gelbe Punkte aufsetzen.

Fritzchen sammelt **Früchte**

Motivhöhe
ca. 40 cm

Material Fritzchen
- Rosentopf, ø 14 cm (Unterteil)
- Je 1 Glockentopf, ø 11 cm (Kopf), ø 16 cm (Oberkörper)
- 4 Tontöpfe, ø 4,5 cm
- Je 2 Tontöpfe, ø 5,5 cm, ø 3,5 cm
- Tonhalbtopf, 4 cm breit, 6 cm hoch
- 4 Astscheibchen, ø 1,5 cm
- 2 Halbperlen, ø 8 mm: schwarz
- Holzhalbkugel, ø 1,5 cm (Nase)
- Gebogener Blumendraht, 10 cm lang (Mund)
- Naturbast
- Feiner Myrtedraht
- Styrofoam-Steckmasse
- Acrylfarbe: rosa, dunkelblau, lindgrün, rehbraun
- Plusterfarbe: braun
- 2 Filzstreifen, 12 cm x 2,5 cm: orange
- Kariertes Tuch, 20 cm x 20 cm: blau-weiß
- Diverse Seidengräser, Blüten, getrockneter Weizen, Lavendel
- Minikürbisse, Maiskolben, Wattepilze
- Mini-Gärtnergeräte, -Spankorb: grün
- Lackmalstift: grün

Fritzchen

Den Rosentopf mit blauer Acrylfarbe und den Rand des größeren Glockentopfes in Rehbraun bemalen. Nach dem Trocknen der Farbe die Figur nach Typ 1 (siehe Seite 5/6) anfertigen. Zwei Bastfäden am rechten Arm zum späteren Fixieren des Spankorbes stehen lassen.
Steckmasse zurechtschneiden und in die Kopföffnung einkleben. Aus Naturbast 8 cm und 10 cm lange Bastfäden zuschneiden, jeweils zu kleinen Büscheln zusammenfassen und mit Draht abbinden. Die längeren Büschel als Haare in die Topföffnung, die kleineren in die Armöffnungen und zwischen die letzte Topfreihe kleben.
Jeden Filzhosenträger mit Plusterfarbe umranden und mit zwei kleinen Holzscheiben als Knöpfen bekleben. Das karierte Tuch um den Hals legen und verknoten. Den dicken Draht zu einem Mund biegen und zusammen mit der bemalten Nase und den Holzscheibchen (Augen) aufkleben. Die Wangenbäckchen aufmalen und die beiden Halbperlen auf die Holzscheiben setzen.
Den kleinen Halbtopf mit Acrylfarbe grundieren und mit Lackmalstift verzieren. Den Topf mit Montagekleber am Unterteil der Figur befestigen (ggf. während des Trocknens mit Kreppklebeband fixieren). Kleine Kürbisse, Gräser, Blätter, Blüten und die Miniwerkzeuge zwischen die Haare kleben und den Topf und Korb damit füllen. In die linke Armöffnung eine Harke als Hand einkleben.

Tipp
Die Raben können als Dekoration auch für die Vogelscheuche (siehe Seite 21) oder für den Wandkranz (siehe Seite 18/19) verwendet werden. Auf einem Stab befestigt finden sie Platz im Blumentopf oder bei größerer Topfwahl im Blumenkübel vor der Türe.

Mini-Rabe

Den Tontopf und die Wattekugel grundieren. Nach dem Trocknen zusammenkleben und die Federn als Flügel und Schwänzchen fixieren.
Den Schnabel nach Vorlage ausschneiden und die beiden Schnabelhälften zusammenkleben, dabei einen Grashalm mit einkleben. Die Wackelaugen und den Schnabel am Kopf befestigen. Den fertigen Raben mit Heißkleber auf die Schulter von Fritzchen setzen.

Motivhöhe
ca. 6 cm

Material Rabe
- Tontopf, ø 3,5 cm
- Wattekugel, ø 2 cm
- 2 Wackelaugen, ø 3 mm
- Tonkartonrest: gelb
- 3 kleine Marabufedern: schwarz
- Acrylfarbe: schwarz

Vorlagenbogen A

Waldkinder

Die Watteköpfe mit weißer und roter Farbe gestalten; die Wangen ggf. mit einem Wattestäbchen auftupfen. Die Töpfchen für die Figuren gemäß Foto grundieren. Für die helleren Ränder die Grundfarbe mit Weiß mischen. Kleine Punkte werden mit einem Schaschlikstäbchen aufgetupft. Beim Mooskind bleibt der Topf naturbelassen, der Rand wird mit Naturmoos beklebt.
Für ein dünneres Garn die Jutegarnstränge mittig trennen. Nach Skizze die Figuren zusammensetzen. Dazu mithilfe einer spitzen Stopfnadel oder Stricknadel das Loch der Wattekugel durchstechen und mit einer Häkelnadel das Jutegarn durchziehen.
Die Figuren verzieren: kurzgeschnittene Lupisfaser, aufgezupfte Bastlocken, einzelne Blätter, Rebenzweigchen und Moos werden als Haare auf die Köpfe und um den Hals der Figürchen geklebt. Das Mooskind erhält als Halskrause einen kleinen aufgeschnittenen Pilz, das Hortensienkind eine kleine Bastschleife. Als Knöpfe dienen eine halbierte Holzperle (mit oranger Sandfarbe bemalen) bzw. ein Astscheibchen. Beim Hölzchenkind wird ein kleines Rebenbündel unter dem Arm festgeklebt.

Motivhöhe
ca. 15 cm bis 19 cm

Vorlagenbogen A

Material Hölzchenkind

- Tontopf, ø 6,5 cm
- Tontopf, ø 3,5 cm (Hut)
- 2 Tontöpfe, ø 2,5 cm (Füße)
- Wattekugel mit Gesicht, ø 4 cm (Fertigteil)
- 2 Holzperlen, ø 2,5 cm: natur
- Jutegarn, ø 2,5 mm, 35 cm lang (Beine), 25 cm lang (Arme): natur
- Lupisfasern, 8 cm lang (Haare)
- Kleine Rebenästchen, Brasilmoos
- Acrylfarbe: weiß, rehbraun, orange, rot

Material Mooskind

- Tontopf, ø 5 cm,
- Tontopf, ø 2,5 cm (Hut)
- 2 Tontöpfe, ø 2 cm (Füße)
- Wattekugel mit Gesicht, ø 4 cm (Fertigteil)
- 2 Holzperlen, ø 2,5 cm: natur
- Jutegarn, ø 2,5 mm, 25 cm (Beine), 20 cm lang (Arme): natur
- Kalyxpilze, Naturmoos, Rebenästchen, Astscheibchen
- Acrylfarbe: rehbraun, rot, weiß

Material Hortensienkind

- Tontopf, ø 5 cm
- 2 Tontöpfe, ø 2 cm (Füße)
- Wattekugel mit Gesicht, ø 3 cm (Fertigteil)
- 2 Holzperlen, ø 2,5 cm: natur
- Jutegarn, ø 2,5 mm, 25 cm (Beine), 20 cm lang (Arme): natur
- Naturbast: grün
- Blütenblätter, Minibeeren: grün
- Acrylfarbe: weiß, rehbraun, lindgrün, rot

Material Blätterkind

- Tontopf, ø 6,5 cm
- 2 Tontöpfe, ø 2 cm (Füße)
- Wattekugel mit Gesicht, ø 4 cm (Fertigteil)
- 2 Holzperlen, ø 2,5 cm: natur
- Jutegarn, ø 2,5 mm, 35 cm (Beine), 20 cm lang (Arme)
- Bastlocken: orange
- Mini-Seidenblätter
- Holzperle, ø 1 cm: natur (Knöpfe auf Kleidchen)
- Acrylfarbe: weiß, rehbraun, rot, lindgrün
- Sandfarbe: orange

Waldmännchen bei der Arbeit

Waldmännchen

Die Figur nach Typ 1 (siehe Seite 5/6) zusammenfügen, mit einer Schere die Bastfäden in den Armöffnungen abschneiden. Als Hände zwei lange Fichtenzapfen mit Heißkleber einkleben. Eine Zapfenspitze etwas ausbrechen und einen Wattepilz ankleben. Anschließend die Steckmasse zuschneiden und in die Kopföffnung füllen. Ggf. mit etwas Klebstoff fixieren. Auf einen feinen Bindedraht abwechselnd kleine Seidenblätter und gebohrte Astscheiben (alternativ Knöpfe oder Perlen) auffädeln, dem Männchen um den Hals legen und die Drahtenden ineinander verdrehen.
Mithilfe von Heißkleber Naturmoos, kleine Zapfen und Rebenzweige auf das Topfoberteil, zwei kleine Keramikknöpfe auf das Jackenteil kleben. Den Übergang zwischen Schulter, Arm und Topfunterteil mit etwas größeren Moosplatten bedecken. Als Haarschmuck gekürzte Zweige, Zapfen, Pilze und Töpfchen in den Kopf kleben und stecken, den Zwischenraum mit Blättern und Lupisfasern auffüllen. Als Haarabschluss ringsum Plattenmoos und in Schlingen gelegtes Tauwerk aufkleben. Die Augen aus Fotokarton (ø 1,5 cm) ausschneiden, zusammen mit der Nase (Eichelendstück) und den Pupillen (Halbperlen) aufkleben. Den Mund und die Wangenbäckchen mit Acrylfarbe aufmalen.

Motivhöhe
ca. 45 cm

Material Männchen
- Glockentopf, ø 11 cm (Kopf)
- Tontopf, ø 16 cm (Oberteil)
- Je 2 Tontöpfe, ø 6,5 cm, ø 5,5 cm, ø 4,5 cm
- Rosentopf, ø 16 cm (Unterteil)
- 2 halbierte Holzperlen, ø 1 cm: schwarz
- Acrylfarbe: weiß, rot
- Fotokartonrest: weiß
- Sisaltauwerk, 1 m lang: natur (Haare)
- 2 Fichtezapfen (Hände)
- Naturmoos, Eicheln, verschiedene Zapfen, Seidenblätter, Lupisfaser, Astscheibchen, getrocknete Zweigchen, Kiefernzweigchen
- 2 Keramikknöpfe: orange
- Je 1 Tontopf, ø 3,5 cm, ø 2 cm
- Styrofoam-Steckmasse
- Feiner Myrtendraht: braun

Pilztöpfe

In die beiden Töpfchen (ø 5,5 cm) Steckmasse einkleben und mit den Pilzen, Zapfen und Naturmoos als Abdeckung füllen

Motivhöhe
ca. 16 cm

Material pro Pilztopf
- 3 Dekopilze, 3 cm bis 10 cm
- Tontopf, ø 5,5 cm
- Styrofoam-Steckmasse
- Naturmoos, Blätter, getrocknete Zweigchen

Meisenkranz

Für die Meisenkörper zwei Tontöpfe (ø 4,5 cm, ø 3,5 cm) mit Montagekleber ineinander kleben. Die brütende Meise erhält nur einen Tontopf (ø 3,5 cm) als Körper. Kopf und Körper gemäß der Abbildung bemalen und nach dem Trocknen mit Heißkleber zusammenfügen. Schnäbel und Flügel nach Vorlage ausschneiden. Die Schnäbel nach Skizze umbiegen und beide Schnabelhälften zusammenkleben. Die Flügel nach Foto bemalen. Nach dem Trocknen die Papierteile und Halbperlen mit Kraftkleber auf den Vogelkörpern fixieren.

Den Mooskranz mit einem Strang Lupisfasern umwickeln, die Enden mit kleinen Strohblumennadeln oder mit Heißkleber fixieren. Nach Belieben den Kranz mit Efeu, Leptogras, kleinen Beeren und Zapfen und einigen Tontopfscherben dekorieren.

Die gebastelten Vögel mit Heißkleber befestigen. Aus Lupisfaser ein kleines Nest formen und zusammen mit der brütende Meise auf den Kranz kleben. Die gelbe Juteschnur als Aufhängung anbringen.

Motivhöhe

ca. 30 cm

Material

- Mooskranz, ø 25 cm bis 30 cm
- Tontöpfe, 2 x ø 4,5 cm (Oberteil) 3 x ø 3,5 cm (Unterteil)
- Wattekugeln, 2 x ø 2,5 cm, 1 x ø 2 cm
- Halbperlen, 2 x ø 3 mm, 4 x ø 4 mm: schwarz
- Acrylfarbe: weiß, gelb, schwarz
- Fotokartonrest: gelb
- Jutegarn, ø 2,5 mm, 1,2 m lang: gelb
- 2 Tontöpfe, ø 3,5 cm
- Lupisfaser: natur
- Getrocknete Blätter, Eicheln, 1 Stängel Seidenefeu, 2 Bund rote Beeren, diverse kleine Zapfen, getrocknete Clematisblütenstempel
- 1 Bund Leptogras: grün
- Evtl. kleine Strohblumennadeln

Vorlagenbogen B

Tipp

Sie können statt einen fertigen Mooskranz zu verwenden auch einen Styroporkranz mithilfe von dünnem Draht mit Moos umwickeln.

Lustige **Vogelscheuche**

Den Tontopf (ø 7,5 cm) mit zurecht geschnittener Steckmasse auffüllen und den Rand in Rehbraun bemalen. Den Rundholzstab in Grün streichen und nach dem Trocknen mit Heißkleber im Topfloch fixieren. Die losen Rebenstäbe bündeln, als Arme mittig auf den Stab schieben und mit Draht kreuz und quer am Stab festbinden. Je einen langen Draht links und rechts vom Kopf um das Rebenbündel legen und die Drahtenden durch das Topfloch des umgestülpten Glockentopfes führen. Zusätzlich eine kleine Holzperle auffädeln und den Draht mit der Kugel im Topf verdrehen. Auf die Öffnung mit Montagekleber den zweiten Glockentopf kleben. Aus Maisstroh die Haare zurecht schneiden, diese mit Draht bündeln und ringsum auf dem Topfrand festkleben. Darauf einen Strohhut kleben.

Nach Vorlage das Filzkleidchen zuschneiden. Einzelne grüne Blumenblätter aufkleben und mit Plusterfarbe am Rand bemalen. Das Kleidchen mit Bast am Körper fixieren. Den Blütenkragen um den Hals legen (siehe Seite 11, Sonnenblumenmännchen).

Das Gesicht aufmalen und die gekürzte Karotte als Nase fixieren. Als Pupille eine halbierte Holzperle aufkleben. Die kleinen Blechdosen mithilfe eines Nagelbohrers mit einem Loch versehen und mit Jutegarn an den Armen festbinden. Mit kleinen Holzraben, Efeublättern, einem Minikürbis und Blütenblättern dekorieren.

Motivhöhe

ca. 35 cm (ohne Stab)

Material

- Tontopf, ø 7,5 cm (Kopf)
- 2 Glockentöpfe, ø 12 cm (Körper)
- Rebenbündel, ca. 35 cm lang
- Holzperle, ø 3 cm
- Holzperle, ø 1,2 cm: schwarz
- Wattekarotte, 2,5 cm lang
- Rundholzstab, ø 1 cm, 1 m lang
- Styrofoam-Steckmasse
- Acrylfarbe: weiß, schwarz, grün, orange, rehbraun
- Plusterfarbe: gelb
- Wickeldraht
- Feiner Myrtedraht
- Strohhut, ø 12 cm
- 1 Platte Filz: orange
- Naturbast: grün
- Große Sonnenblumenblüte
- 1 Bund Maisstroh, ca. 8 cm lang: gelb (Haarbüschel)
- 2 Holz-Dekoraben, 4 cm und 6 cm hoch
- Deko-Minikürbis, 7 cm hoch
- 4 leere Dosen, 7 cm hoch
- Jutegarn, ø 2,5 mm, 1 m lang: natur
- Nagelbohrer

Vorlagenbogen A

Tipp

Sie können die Vogelscheuche statt mit gekauften Holzraben auch mit den kleinen Raben-Tonis von Seite 13 schmücken.

Freche **Kürbisse**

Motivhöhe
ca. 40 cm

Material Gärtnerin
- Keramik- oder Wattekürbis, ø 11 cm
- Je 1 Glockentopf, ø 14 cm (Hut), ø 16 cm (Unterteil)
- Tontopf, ø 14 cm (Oberteil)
- Tontöpfe, 4 x ø 4,5 cm, 2 x ø 3,5 cm (Arme)
- 1 Bogen Velourspapier, 23 cm x 33 cm: grün
- 2 Holzscheiben, ø 1,5 cm: grün
- 2 Halbperlen; ø 8 mm: schwarz
- Dekogießkanne: 5 cm hoch
- Plusterfarbe: orange
- Bastlocken: gelb
- Naturbast: grün
- 3 Sonnenblumenblüten
- 2 Efeublätter
- Breites Karoband, 50 cm lang: orange-weiß
- Miniwäscheklammer: grün

Vorlagenbogen A

Gärtnerin

Die Figur nach Typ 1 mit grünem Bast zusammensetzen. Den aufgestellten Kürbiskopf mit Montagekleber auf den Körper kleben, eventuell mit Kreppband fixieren. An den überstehenden Bastfäden in einer Armöffnung eine Gießkanne befestigen. Ein Viertel Bastbündel in ca. 7 cm lange Fäden schneiden und mit Draht zu kleinen Büscheln bündeln. Mit Heißkleber in die Armöffnungen kleben und alle Bastfäden auf gleiche Länge kürzen. Die gelben Bastlocken um den Kürbiskopf kleben und den Glockentopf mit Montagekleber als Hut aufsetzen. Nach Vorlage die Schürze und die Tasche aus Velourspapier ausschneiden. Die Tasche aufkleben und kleine Ziersticher mit Plusterfarbe aufmalen. Die Schürze um den Körper legen, das Schürzenband an den markierten Stellen festkleben und die Träger auf dem Tontopf fixieren. Die Schleife umbinden und die floralen Verzierungen anbringen. Zum Schluss die Gesichtszüge mit Plusterfarbe und Fineliner aufmalen.

Tipps

Sie können für die Kürbisdekorationen auch frische Kürbisse verwenden, diese halten aber nur begrenzt.

Naturgetreue, dauerhaft haltende Kürbisse lassen sich schnell selbst herstellen. Sie benötigen dazu eine Schnellabformmasse, z.B. Quick-Form. Beim Arbeiten die Herstellerangaben beachten. Den Kürbis später mit Acrylfarbe bemalen.

Motivhöhe
ca. 16 cm

Material Kürbisgesicht
- Keramik- oder Wattekürbis, ø 8 cm
- Je 1 Tontopf, ø 7,5 cm, ø 2 cm
- 2 Moosgummischeiben, ø 1 cm: grün (Augen)
- 2 Halbperlen, ø 6 mm: schwarz (Pupille)
- Plusterfarbe: schwarz, rot
- Sandfarbe: orange
- Lackmalstift: grün
- Bastlocken: gelb, grün
- Efeublätter, kleine Beeren: gelbgrün
- Rupfenrest: grün

Kürbisgesicht

Den Tontopfrand mit orangefarbener Sandfarbe und einem grünen Lackmalstift bemalen. Den Kürbis leicht schräg aufgestellt in den Topf kleben. Die Augen mit Kraftkleber fixieren und die Gesichtszüge mit Plusterfarbe aufmalen. Den Topf ringsum mit kleinen Blüten, Beeren, Blättern und eingeklebten Rupfenstücken auffüllen. Haare aus Bastlocken mit einem kleinen Topf als Hut runden das freche Gesicht ab. Den Hut mit einer kleinen Beere dekorieren.

Raben im Sonnenblumenfeld

(Abbildung auch Titelseite)

Rabe

Mit schwarzer Acrylfarbe alle Töpfchen und Untersetzer grundieren; den Untersetzer nach dem Trocknen unregelmäßig mit grüner Farbe streichen. Verzierungen auf dem Rabenkörper mit Lackmalstift malen. Die Figur nach Typ 2 (siehe Seite 6) anfertigen.

Nach Vorlage Schnabel und Flügel zuschneiden. Jeden Kartonflügel mit zwei bis drei Marabufedern bekleben; die beiden Schnabelhälften einzeln am Kopf aufkleben. Die Wattekugel in den Kopftopf kleben und daran mit Heißkleber einen schmalen Streifen Fellplüsch im Topfumfang als Haare befestigen.

Motivhöhe

ca. 16 cm und 25 cm

Material pro Rabe klein (groß)

- 2 Tontöpfe (Kopf/ Unterteil), ø 4,5 cm (ø 7 cm)
- Tontopf (Oberteil), ø 7cm (ø 10 cm)
- Tonuntersetzer, ø 7 cm (ø 8 cm)
- 2 Wackelaugen, ø 1 cm (ø 1,6 cm)
- Wattekugel, ø 4 cm (ø 6 cm)
- Kartonscheibe, ø 5,5 cm (ø 6,5 cm)
- Strohhut, ø 8 cm (ø 12 cm)
- Marabu- und Indianerfedern: schwarz
- Tonkartonreste: schwarz, gelb
- Acrylfarbe: schwarz, dunkelgrün
- Lackmalstift: orange, gelb
- Fellplüschrest: schwarz

nur großer Rabe

- Knöpfe, ø 2 cm: grün
- Breites Karo-Band, 50 cm lang: grün
- Kornähre grün

nur kleiner Rabe

- Holzperle, ø 1,2 cm: gelb
- Naturbast: orange

Vorlagenbogen A

Darauf den Strohhut fixieren.
Beim großen Raben zusätzlich eine Kornähre aufkleben. Mit Kraftkleber Augen, Knöpfe, Flügel und Schleifen an den Vögeln fixieren. Eine lange Indianerfeder dient als Schwanz und wird mit einem Klecks Montagekleber fixiert, der ggf. nach dem Trocknen mit Acrylfarbe übermalt wird.

Sonnenblume

In den kleinsten Tontopf die Wattekugel einkleben. Die weißen Papierlagen der Serviette entfernen, nur die bedruckte Lage wird verwendet. Pro Sonnenblume werden zwei gleich große Serviettenmotive benötigt. Ein Motiv (mit Blatt) mithilfe von Serviettenkleber auf Karton kleben. Nach dem Trocknen jedes Blütenblatt exakt ausschneiden und mit Kraftkleber am inneren Topfrand fixieren. Auch das Blatt ausschneiden.
Beim zweiten Serviettenmotiv nur grob die Blütenmitte aus der Papierlage der Serviette ausschneiden und dieses mit Serviettenkleber auf die Wattekugel kleben. Den überstehen-

Motivhöhe
ca. 17 cm bis 22 cm

Material pro Sonnenblume klein (groß)

- Tontopf, ø 3,5 cm (ø 4,5 cm)
- Tontopf, ø 5,5 cm (ø 6,5 cm)
- Rundholzstab, ø 6 mm, 10 cm (12 cm) lang
- Wattekugel, ø 3 cm (ø 4 cm)
- 2 Serviettenmotive „Sonnenblume", ø 6 cm (ø 12 cm)
- Fotokartonrest: weiß
- Styrofoam-Steckmasse
- Islandmoos: grün
- Naturbast: grün
- Acrylfarbe: grün
- Serviettenkleber
- Lackmalstift: grün
- Schaschlikstäbchen

den Rand vorsichtig mit einem Schaschlikstäbchen zwischen Kugel und Topfrand drücken. Das grüne Blatt ausschneiden, seitenverkehrt auf Karton kleben und ausschneiden.
Den größeren Tontopf mit Lackstift bemalen, mit Steckmasse füllen und mit Moos und Bast bedecken. Die mit grüner Acrylfarbe grundierten Stiele mittig mit Heißkleber in den Moostopf und leicht schräg in das Loch des Blütentopfes einkleben. Die zwei grünen Blätter am Stiel befestigen.

Hexe **Drusilda**

Das Oberteil der Figur mit grüner, das Unterteil und den Kopf mit weißer Acrylfarbe (siehe Gespenst, Seite 28) grundieren und nach dem Trocknen mit Montagekleber zusammenfügen. Die Hände nach Vorlage aus Sperrholz aussägen und die Ränder abschmirgeln oder aus ausgewellter Modelliermasse ausschneiden (gemäß Herstellerangaben trocknen lassen). Die Hände nach der Abbildung bemalen.
Auf die Wattekarotte mit Heißkleber kleine Tropfen als Warzen aufsetzen, in Haut bemalen, hinten gerade abschneiden und im Gesicht fixieren.
Die Augen aus Tonkarton ausschneiden und mit Halbperlen als Pupillen aufkleben. Das Gesicht aufmalen.
Mit Montagekleber die Arme am Topf fixieren.
Märchenwolle als Haare mithilfe von Kraftkleber am Topfrand anbringen und in Form schneiden.
Den Filzhut und die kleine Fledermaus nach Vorlage ausschneiden, zusammenkleben und die Krempe anbringen. Mit Plusterfarbe kleine Zierstiche und Punkte aufmalen.
Die Spitze des Huts dekorativ umbiegen und die Fledermaus mit Klebstoff am Hut fixieren.
Mit einer Zackenschere die Filzflicken ausschneiden und auf die Töpfe kleben. Die Zierstiche mit Plusterfarbe auftragen.
Das Stofftuch der Hexe um die Schulter legen und mit einem großen aufgenähten Knopf zusammenhalten.

Motivhöhe
ca. 50 cm

Material

- Glockentopf, ø 16 cm (Oberteil)
- Rosentopf, ø 14 cm (Unterteil)
- Tontopf, ø 10 cm (Kopf)
- Sperrholzrest, 1 cm stark (oder lufttrocknende Modelliermasse, Nudelholz)
- Watte-/Plastikkarotte, 5 cm lang (Nase)
- 2 Knopfaugen, ø 1,2 cm: schwarz
- Fotokartonrest: weiß
- Filzreste: bunt
- Stoff, 90 cm x 90 cm: schwarz
- Acrylfarbe: schwarz, weiß, haut, dunkelgrün, rot
- Plusterfarbe: schwarz, rot, orange, grün, gelb
- Märchenwolle: orange
- Fester Bastelfilz, 25 cm x 45 cm: schwarz
- Knopf, ø 3 cm: rot
- Laubsäge, Schmirgelpapier

Vorlagenbogen B

Gespenst Erwin **&** Co.

Motivhöhe

ca. 45 cm

Material Gespenst

- Je 1 Rosentontopf, ø 8 cm (Kopf), ø 10 cm (Unterteil)
- Tontopf, ø 16 cm (Oberteil)
- 2 Tontöpfe, ø 5,5 cm, ø 5 cm, ø 2,5 cm (Arme)
- 4 Tontöpfe, ø 3,5 cm (Hände)
- Tontopf, ø 5,5 cm, ø 5 cm, ø 3,5 cm (Hut)
- Kartonscheibe, ø 13 cm
- Aludraht, ø 2 mm, 80 cm lang
- Rundholz, ø 6 mm, 7 cm lang
- Spinnennetz, ø 10 cm
- 2 Spinnen
- Wattehalbkugel, ø 1,8 cm
- Spinnfasergewebe: weiß
- Dünne Eisengliederkette, 1,5 m lang: schwarz
- Fotokartonrest: weiß
- Feines Schwämmchen
- Acrylfarbe: schwarz, weiß, gelb, rot, terrakotta

Vorlagenbogen A

Gespenst

Die Figur nach Typ 3 (siehe Seite 6) anfertigen und die Wattehalbkugel als Nase aufkleben. Mithilfe eines feuchten Schwämmchens und weißer Acrylfarbe bemalen, die Wattekugel mit etwas Terrakotta. Nach dem Trocknen das Gesicht aufmalen. Die nach Vorlage ausgeschnittenen Papierbuchstaben mit Kraftkleber auf den Körper kleben und die Figur mit fein auseinander gezupftem Spinngewebe überziehen.
Die Eisenkette umlegen und die Spinnen verteilen.

Motivhöhe

ca. 13 cm

Material pro Fledermaus

- 2 Tontöpfe, ø 3,5 cm
- Holzperle, ø 3,5 cm
- Holzhalbperle, ø 6 mm: rot
- 2 Wackelaugen, ø 6 mm
- Zugfeder mit Öse, 6 cm lang
- Moosgummirest, 2 mm stark: schwarz
- Acrylfarbe: schwarz, weiß, rot, silber

Vorlagenbogen A

Fledermaus

Zwei kleine Töpfchen an den Öffnungen zusammenkleben. Die Holzperle mit Montagekleber aufkleben. Nach dem Trocknen die Zugfeder in die Holzperlenbohrung einkleben. Den Kopf und den Körper mit schwarzer Acrylfarbe grundieren, mit einem Pinsel feine Striche in weiß und Silber als Fell auf den Körper malen. Die Flügel und Ohren nach Vorlage aus Moosgummi ausschneiden. Mit Kraftkleber die Augen, Nase und Ohren aufkleben sowie den Mund aufmalen. Zum Schluss die Flügel am Körper ankleben, mit silberner Farbe die Konturen aufmalen.

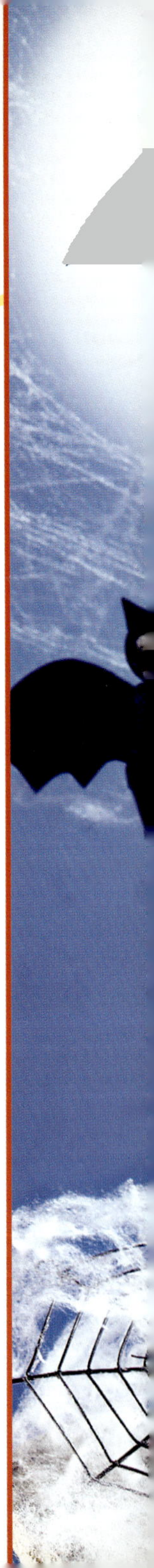

BOO!

Im **Zwergen**wald

Motivhöhe
ca. 18 cm

Material pro Zwerg
- Tontopf, ø 6,5 cm (Oberteil)
- 2 Tontöpfe, ø 4,5 cm (Kopf/ Unterteil)
- 2 Tontöpfe, ø 2 cm (Arme)
- 2 halbe Wattekugeln, ø 2 cm (Schultern)
- 2 Wattekugeln, ø 2,5 cm (Hände)
- Wattekugel, ø 1,2 cm (Nase)
- Pappscheibe, ø 5 cm
- 2 Halbperlen, ø 4 mm: schwarz
- Moosgummirest, 2 mm stark: braun
- Fotokartonrest: weiß
- Filzrest: grün oder blau
- Acrylfarbe: grün oder blau, weiß, rehbraun
- Antikfarbe: rubin
- Glanzlack
- Märchenwolle: hellbraun

nur grüner Zwerg
- Rebenzweigchen, Brasilmoos

nur blauer Zwerg
- Holzglockenblume: gelb
- Minizypressengirlande, kleine Seidenblütendolden: blau

Vorlagenbogen B

Zwerge

Die Wattekugelhälften als Schultern auf die kleinen Tontöpfe (ø 2 cm) kleben und nach Vorlage die Schuhe aus Moosgummi ausschneiden. Alle Figurteile gemäß der Abbildung grundieren, auch Wattekugeln und Moosgummiteile bemalen. Nach dem Trocknen die Töpfe mit Montagekleber zusammensetzen (siehe Typ 2, Seite 6). Wattekugelhände und Schuhe mit Kraftkleber am Körper fixieren. Nach Vorlage die Mützen aus Filz und den Schnauzer aus Karton zuschneiden. Aus Märchenwolle einen langen Bart formen

Motivhöhe
ca. 12 cm

Material pro Maus

- Je 1 Tontopf, ø 3,5 cm, ø 4 cm
- Je 1 Wattekugel, ø 2,5 cm, ø 1 cm (Nase)
- 2 Halbperlen, ø 3 mm: schwarz
- Drahtstücke, 2 x 3 cm lang: schwarz
- Fotokartonrest: braun
- Packpapierrest
- Acrylfarbe: weiß
- Antikfarbe: rubin, herbstrot
- Glanzlack
- Seiden- oder Naturblatt

Vorlagenbogen B

Motivhöhe
ca. 10 cm

Material pro Pilz

- Je 1 Tontopf, ø 3,5 cm, ø 4 cm (Steinpilz), ø 2 cm (nur Fliegenpilz)
- Tonuntersetzer, ø 9 cm
- Styroporhalbkugel, ø 6 cm
- Acrylfarbe: weiß, dunkelbraun, rot
- Antikfarbe: rubin, herbstrot, kürbis
- Glanzlack

(ca. 6 cm) und auch etwas Wolle auf den Schnauzbart kleben.
Die Mütze zusammenkleben. Den Mützenrand mit den Fingern leicht wellig auseinanderziehen und mit den Haaren auf der Figur fixieren. Die Nase in Rubin und Weiß bemalen und Augen und Bart aufkleben.
Die Körper und Mützen mit Naturmaterialien und Zweigchen schmücken. Ein Zwerg hält eine kleine Glockenblume in der Hand, dazu das Loch der Wattekugel vor dem Einkleben mithilfe einer Stopf- oder Stricknadel ganz durchstechen und den Blumenstiel einsetzen.

Maus

Als Schnauze eine Wattekugelhälfte auf den Tontopf (ø 3,5 cm) kleben. Alle Töpfchen mit Antikfarbe grundieren. Aus Packpapier eine kleine Kugel formen und diese zwischen die Tontöpfe kleben.
Die Nase und die Wangen in Rubin und Weiß bemalen. Mit Kraftkleber Augen, Nase und je zwei zusammengedrehte Drahtstückchen als Barthaare auf den Kopf kleben. Nach Vorlage die Papierohren ausschneiden und das Innenohr mit weißer Farbe aufmalen. Den Schwanz aus Packpapier ca. 10 cm lang formen, mit Draht umwickeln und zusammen mit den Ohren am Körper fixieren. Mit einem schwarzen Filzstift das Mausgesicht aufmalen und die fertige Maus auf ein Blatt kleben.

Pilz

Den Pilzhut aus einem umgedrehten Untersetzer fertigen, auf dem eine Styroporhalbkugel mit Holzleim klebt. Die restlichen Töpfchen als Pilzstiele mit Montagekleber zusammenfügen, nach dem Trocknen am Untersetzer mit einem Klecks Kleber fixieren. Die Punkte auf dem Fliegenpilz mit Heißkleber aufsetzen. Die Pilze gemäß der Abbildung mit Acryl- und Antikfarbe bemalen. Beide können untereinander gemischt werden. Zuletzt die Pilzkappen und Nasen der Figuren mit Glanzlack lackieren.

Tipp
Die Pilze können Sie auch aus größeren Tontöpfen und -untersetzern fertigen und im Garten einzeln oder in Gruppen aufstellen.